새생명 전도/새신자 교육 시리즈 3 단계

# 과연 천국은 존재할까?

새생면 전도/교육 소책자 시리즈 03

# 과연 천국은 존재할까?

초      판 | 제 1쇄 2007.08.20
개정증보판 | 제 1쇄 2012.06.15


지은이 | 정성민
펴낸이 | 정성민
펴낸곳 | 푸른초장


등록번호 | 제387-2005-00011호(2005년 5월 17일)
소재지 | 경기 파주시 광탄면 분수리 350-3번지
TEL 031) 947-9753 (푸른초장), 010-6233-1545
출판유통 | 하늘유통 031) 947-7777, FAX 031) 947-9753
인쇄처 | 예원

책값은 뒤표지에 있습니다.
ISBN 978-89-92817-38-7   03230

독자의 의견을 기다립니다.
sungjeong@hotmail.com

# 과 연 천 국 은 존 재 할 까 ?

## DOES THE KINGDOM OF HEAVEN REALLY EXIST?

새로운 신자를 위한 전도와 교육을 위해 새생명전도 10단계 시리즈를 출간하지 벌써 5년이 되었습니다. 그동안 많은 목회자를 통해서 이 책이 새신자의 전도와 교육을 위해서 유용하게 사용되어지고 있다는 소식을 접하였습니다. 정말 이 책을 사용하여 주시는 하나님께 감사할 따름입니다.

본래 비신자들에게 복음을 전하기 위해 쓰여 진 [예수! 그가 다가온다]와 초신자들에게 기독교 신앙을 쉽게 설명해주기 위해 쓰여 진 [예수! 그를 만나다]를 통합하면서 새신자전도와 교육을 위한 10단계 시리즈를 만들게 되었습니다. 각각 주제에 맞는 부분들을 두 권의 책에서 뽑아서 10권의 소책자를 아래와 같이 구성하게 되었습니다.

   많은 분들이 인터넷 서점 독서평을 통해서 말씀해주신 대로 이 소책자 시리즈는 비신자들이 지니고 있는 기독교에 대한 의구심을 객관적으로 설명하였습니다. 또한 각각의 주제를 소책자 분량으로 편집하여 책을 읽는 즐거움을 더하였습니다.

   이 소책자 시리즈는 신앙의 기초가 약한 성도들에게도 체계적인 교리를 가르쳐주기에 새신자들을 위한 성경공부 안내서가 될 것입니다. 다음으로 다양한 주제를 다루고 있기에 비신자들의 진리에 대한 갈망을 해소 시켜줄 수 있습니다. 그래서 태신자 전도, 오이코스 관계전도, 그리고 알파코스와 같은 전도를 위한 다양한 프로그램이나 세미나에 유용한 책자가 될 수 있습니다. 아니면 대학부나 청년부 성경공부 교재로도 쓰일 수도 있음을 기억해주시길 바랍니다.

독자들의 이해를 돕기 위해 인터넷 서점 인터파크에 올려 진 소책자에 대한 서평 하나를 소개해드립니다.

*이 책은 소책자입니다. 크기도 작습니다. 분량이 적습니다. 그래서 아마 읽기 전에는 내용이 얇거나 부실 할 것으로 생각이 될 겁니다. 그러나 예상과 달리 내용은 상당히 좋습니다. 깔끔합니다. 핵심만 분명히 전합니다. 이 책(소책자 시리즈 4권)에서는 악의 문제를 잘 다루고 있습니다. 악의 문제에 대해 간결하게 핵심만 다룹니다. 그와 관련된 의심을 명쾌히 정리하고, 답변 해 줍니다. 시리즈의 제목은 '새생명 전도 시리즈' 라서 내용이 새신자 수준에 맞춰져 있을 것이라 예상 될 겁니다. 그러나 시리즈명과는 어울리지 않게 내용이 꽤 심도 있습니다. 그렇다고 많이 깊어서 이해하기 어려운 건 아닙니다. 너무 얇지도 않고 딱 좋습니다. 그래서 새신자는 물론 기존 신자도 읽으면 좋습니다. 악의 문제에 대해서 다른 책을 볼 필요 없이 이 책 한 권으로 기본적인 정리를 할 수 있을 것입니다. [인터파크 서평 중에서]*

본 새신자전도 및 교육을 위한 10단계 시리즈는 새생명전도 10단계 시리즈의 개정증보판입니다. 이 개정증보판은 전체적인 내용이 원판과 거의 동일합니다. 하지만 설명이 더 필요한 곳에 좀 더 내용을 보강하였고, 각 권의 마지막 부분에 필요에 따라 부록을 첨부하였습니다. 각 권의 주제와 연관된 방송원고, 설교, 신학적인 글을 추가한 것입니다. 혹시 부록이 부담스럽거나 이해하기가 힘든 분들은 그냥 읽지 말고 넘어가시어도 좋습니다. 본 개정증보판은 책 표지와 내지의 디자인을 새롭게 구성하였습니다.

바라는 것은 이 소책자 시리즈가 한국교회의 부흥과 성숙을 위해 크게 쓰임 받는 것입니다. 마지막으로 이 모든 것을 허락해주신 풍성한 은혜의 하나님께 영광을 올립니다.

*"깊도다 하나님의 지혜와 지식의 풍성함이여, 그의 판단은 헤아리지 못할 것이며 그의 길은 찾지 못할 것이로다.... 이는 만물이 주에게서 나오고 주로 말미암고 주에게로 돌아감이라 그에게 영광이 세세에 있을지어다. 아멘."* (로마서 11:33, 36)

2012년 3월 20일
저자 정성민 교수

# CONTENTS

# 차 례

# 1

Does the Kingdom of Heaven Really Exist?

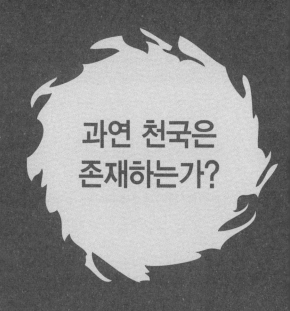

# 과연 천국은 존재하는가?

인간의 삶에서 가장 큰 이슈(issue)는 바로 죽음입니다. 누군가의 죽음 앞에서, 혹은 본인의 죽음 직전의 상황에서 인간은 질문하게 됩니다. '죽음이란 무엇일까, 죽은 이후에 사람은 어떻게 될까.' 종교는 이러한 질문에 대해 다양하게 대답합니다.

대부분의 종교에서는 죽음을 '새로운 인생의 시작'이라고 말합니다. 고대 이집트인들은 귀족이나 왕이 죽으면 미라를 만들어서 거대한 피라미드에 묻었습니다. 또한 무덤 안에 저승을 여행하기 위해 필요한 음식과 귀중품들을 함께 넣고 저승 세계의 왕인 오리시스의 조각이나 그림으로 벽을 장식했습니다. 동양의 유교를 따르는 사람들은 제사와 같은 특별한 예식을 통해 자신들의 조상을 추모하고 기립니다. 힌두교와 불교에서는 죽은 사람이 다른 모습으로 다시 태어난다는 '환생'을 믿고 있습니다. 이슬람교의 경전인 코란에서도 내세라는 말을 113번이나 사용하며 환생과 심판에 대해 언급합니다. 그리고 기독교인들은 '몸이 다시 사는 것과 영원히 사는 것을 믿습니다.'라는 사도신경을 암송하면서 사후세계에 대한 믿음을 고백합니다.

이상에서 본 것처럼 죽음 이후의 삶에 대한 관심이 모든 종교에 있어서 상당히 중요한 테마임을 쉽게 알 수 있습니다.

## 과연 영혼은 불멸한가?

우리는 '죽은 후에 다시 살 수 있다는 믿음이 과연 올바른가?'라는 질문을 하지 않을 수 없습니다. '불멸'과 '영생'은 죽지 않고 영원히 산다는 것을 뜻합니다. 이러한 의미는 모든 사람들은 죽는다는 사실과 정면으로 대립되는 것처럼 보입니다.

만약 사람이 죽지 않고 영원히 살고자 한다면 물리적인 죽음과 육체의 부패를 극복할 수 있는 무언가가 있어야 가능합니다. 많은 사람들은 그 무언가를 '영혼'이라고 생각합니다. 인간의 몸은 죽어서 흙으로 돌아가도 영혼은 새로운 세계에서 계속 살 것이라고 믿는 것이지요. 즉 사람들은 죽음 이후에 천상에서 영혼이라는 새로운 종류의 몸을 가지고 살 것이라고 추측합니다.

그러나 힌두교와 불교는 영생에 대해 다른 개념을 갖고 있습니다. 힌두교와 불교의 사후세계에 대한 개념은 윤회사상으로 나타납니다. 윤회사상은 사람이 죽을 때에 그의 영혼은 죽지 않고 다른 몸으로 옮겨서 다시 태어난다고 믿는 것입니다. 이들은 그 사람이 최종적인 자유를 가질 때까지 윤회가 계속해서 일어난다고 주장합니다.

이제 기독교의 영생관을 살펴봅시다. 기독교적 영생관은 영혼과 육의 부활을 동시에 주장합니다. 이것은 플라톤의 영혼불멸설과 매우 비슷하여 성도들이 혼동할 수 있습니다. 그러나 분명한 차이점이 있습니다. 플라톤의 영혼불멸설은 육체로부터 영혼을 분리하여 육체의 구원은 없고 오직 영혼의 구원만 있다고 말합니다. 그러나 기독교는 죽었던 성도가 육체를 지닌 피조물 그대로 부활한다고 주장합니다. 지상에서 지녔던 동일한 육체와 동일한 영혼이 영화로운 몸으로 변화되어 하나님의 구원에 참여하게 되는 것이지요.

"내가 여러분에게 비밀을 알려 드리겠습니다. 우리는 다 잠잘 것이 아니라 변화될 것입니다. 마지막 나팔 소리가 울릴 때, 눈 깜작할 사이에 죽은 자들이 썩지 않을 몸으로 다시 살아나며, 우리는 변화될 것입니다." (고전 15:51-52)

기독교적 영생관의 특징은 두 가지로 압축할 수 있습니다. 첫째는 죽음 이후에 인격적인 삶을 산다는 것이고, 두 번째는 영혼이 바로 인격적 삶의 근거라는 것입니다. 좀 더 자세히 알아봅시다.

첫 번째, 기독교는 죽음 이후에 인격적인 삶이 있다고 주장합니다. 이 말의 뜻은 죽음 이후에도 죽기 이전의 자신과 동일한 사람이라는 것입니다. 각자는 자기 동일성의 의식을 가지고 과거의 삶에 대해 올바른 기억을 갖고 있습니다. 즉 기독교적 영생관은 사후 개인의 인격적인 삶을 보장하는 것입니다.

**부활체의 신분증, 영혼**

두 번째로, 기독교적 영생관의 특징은 영혼에 대한 믿음입니다. 기독교는 육체와 영혼의 동시적 부활을 주장합니다. 그런데 죽기 이전의 자신과 부활 이후의 자신이 같은 인물이라고 말할 수 있는 근거가 과연 무엇일까요? 그것이 바로 영혼입니다. 따라서 실제적인 부활은 영혼에 대한 믿음의 토대 위에서 가능합니다.

영혼은 우리의 신체 안에 존재하는 어떤 비물질적인 자아입니다. 자아로서의 영혼은 자기의식을 갖고 있으며, 기억을 하고, 생각을 하며, 감정을 표현합니다. 개인의 영혼은 육체적 죽음에 의존하지 않고 영구적으로 존재할 것입니다. 정리하면 기독교적 영생관은 죽음 이후에 영혼과 몸이 동시에 부활하여 인격적 삶을 살아가게 된다는 것입니다. 그러나 과연 영혼이 정말 존재할까요?

## 영혼은 정말로 실재하는가?

많은 현대 철학자들은 인간은 심리적이고 물리적인 유기체에 불과하며 영혼은 두뇌과정이나 두뇌상태 또는 중추 신경계 내의 과정이라고 주장합니다. 마음은 단지 두뇌가 작용하는 것이라고 보는 것입니다. 이런 관점에서 그들은 마음과 몸, 영혼과 육체를 동일하게 보는 '심신동일론자'들입니다. 이들은 하나님의 존재를 부인하고 오직 물질만을 모든 것으로 받아들이는 '유물론적 무신론자'들이라 할 수 있습니다.

그러나 죽음을 경험했다가 살아난 사람들의 이야기를 들어보면 영혼과 육체는 서로 분리된 존재라는 것을 알 수 있습니다. 이들의 경험은 서로간의 많은 공통점들이 발견되는데 그들의 공통된 경험을 요약하면 이렇습니다.

누운 상태에서 주위의 사람들이 자신을 보고 죽었다고 말하는 소리를 듣습니다. 그리고 그들은 자신의 몸에서 떨어져 나와 자신의 몸과 그 주위를 둘러싸고 있는 사람들을 보게 됩니다. 그 다음엔 새로운 몸을 입게 되는데 이 몸은 이전의 물리적인 신체와 비슷한 형태의 영적인 몸입니다. 새로운 형태의 영적인 몸은 자신의 본래적 신체를 둘러싸고 있는 물질적이고 물리적인 환경과는 상호작용도 접촉도 할 수 없게 됩니다. 이어서 그들은 터널과 같은 어두운 곳을 통과해서 전혀 색다른 영역에 도착하게 됩니다. 그곳에서는 다른 사람들과 텔레파시적인 방식으로 의사소통을 합니다. 그곳 사람들은 물리적인 신체를 가지고 있지는 않지만 서로가 서로를 알아볼 수 있습니다.

또한 천국이라는 곳에 도착한 이들은 밝게 빛나는 어떤 특별한 분을 만나게 됩니다. 이 분은 사랑과 동정심이 넘쳤고 그들로 하여금 과거를 기억해내고 회개하는 것을 도와주었습니다. 기독교의 성도들은 이 특별한 분을 예수님이라고 믿습니다. 이들은 아주 평화롭고 행복한 그곳에 계속 머무르고 싶었지만 세상으로 돌아가라는 예수님의 말씀을 듣고 다시 깨어납니다.

우리는 사후의 삶을 잠시 동안 경험하고 돌아온 사람들의 경험을 무시할 수 없습니다. 여기서 문제가 되는 것은 사후에 갖게 되는 영적인 몸에 관한 문제입니다.

이들의 간증에 의하면, 영적인 몸은 사람들의 눈에 보이지 않고, 물체를 통과할 수 있으며, 무게가 나가지 않아 시공간을 자유롭게 돌아다니며, 지각하는 능력이 있으며 소리를 들을 수 있다는 것입니다. 이들은 물리적인 환경을 금방 인지하지만 그것에 대해 아무런 영향을 미치지 못한다고 합니다.

필자는 영적인 세계를 인정하는 목회자로서 우리의 신체 안에 영혼이 있음을 확신합니다. 요즈음 영혼의 무게가 21g이라는 사실이 화제입니다. 필자도 동아일보에서 "영혼의 무게 21g?"이라는 기사를 읽었습니다. 그 내용은 모든 죽는 사람들은 공통적으로 죽자마자 죽기 전의 몸무게에서 21g 이 빠져나간다는 것입니다. 의사들은 왜 모든 사람들의 몸무게는 죽자마자 21g 이 감소할까라는 의문을 갖게 되었고, 결국에는 21g은 영혼의 무게라고 추정하게 되었습니다.

예수님이 부활하셨듯이 우리도 사후에 부활하게 됩니다. 사도 바울은 다음과 같이 주장합니다.

"그리스도께서 죽은 자들 가운데서 다시 살아나셨다고 우리가 전파하는데, 여러분 중에서 죽은 자들의 부활이 없다고 말하는 사람이 있는 것은 어찌된 일입니까? 죽은 자들의 부활이 없다면 그리스도께서도 다시 살아나지 못하셨을 것입니다.... 우리가 그리스도 안에서 소망하는 것이 이 세상 삶에 그친다면 우리는 이 세상 어느 누구보다도 불쌍한 사람들일 것입니다." (고전 15:12, 13, 19)

그렇다면 성도가 부활할 수 있기 위해서는 예수의 부활이 거짓이 아닌 참이라는 것이 증명되어야 할 것입니다. 로마의 총독은 사형을 집행한 후에 반드시 공문서로 그 사형집행결과를 로마황제에게 보고하게 되어 있습니다. 그래서 로마에 가면 본디오 빌라도가 로마황제에게 보낸 공문서기록이 보존되어 있습니다. 그런데 놀랍게도 빌라도가 로마황제에게 보낸 보고서는 이렇게 기록되어 있습니다. "예수께서 부활하셨다. 나는 예수를 죽이지 않았다. 유대의 대제사장들과 장로들이 예수를 죽였다. 나는 예수의 죽음과 무관하다." 빌라도의 보고서는 로마의 총독이 황제 앞에서 예수님의 부활을 공식적으로 인정한 최초의 공문서입니다.

예수님의 부활은 역사적인 사실입니다. 성경 말씀이 그것을 증거합니다. 막달라 마리아와 또 다른 마리아가 예수의 부활을 눈으로 확인했고, 베드로가 또한 확인했습니다. 엠마오로 내려가는 두 제자, 12제자, 마가 다락방 120문도, 500여명의 성도들이 일시에 부활하신 예수를 직접 만났습니다. 그들은 부활하신 예수를 직접 만났기에 예수를 부인할 수 없었으며, 생명을 내어 놓고 죽는 순간까지 예수를 전했습니다. 콜로세움 원형경기장에서 맹수의 밥이 되어 온몸이 갈기갈기 찢겨 죽으면서도 그들은 부활하신 예수를 자랑스럽게 전했습니다.

부활은 역사적인 사건이며 객관적인 사실입니다. 이와 마찬가지로 예수 그리스도의 부활을 믿는 성도들의 육체와 영혼의 부활 역시 실제적인 것이 될 것입니다.

예수님은 우리가 죽은 후에 거할 장소를 예비하신다고 말씀하셨습니다.

"너희는 마음에 근심하지 마라. 하나님을 믿고 또 나를 믿어라. 내 아버지 집에는 너희들이 있을 곳이 많이 있다. 만일 그렇지 않다면 내가 너희에게 이런 말을 하지 않았을 것이다. 나는 너희를 위하여 한 장소를 마련하러 간다. 내가 가서 너희를 위해 한 장소를 마련한 뒤에, 다시 와서 너희를 데려가, 내가 있는 곳에 너희도 있게 하겠다." (요 14:1-3)

우리가 사후에 거할 장소를 천국이라고 부릅니다. 부활하신 예수님이 천국을 예비해 놓고 우리를 기다리고 계십니다. 예수를 믿는 자들은 천국의 시민권자들입니다. 그곳에서 영원한 기쁨을 누릴 것입니다. 우리가 이 땅에서 주님을 위하여 가난하고 헐벗고 고통당한 것을 우리 주님이 갚아주실 것입니다.

우리를 만드신 전능하신 하나님께서 부활의 날에 우리의 온 몸과 영혼을 재창조하실 것입니다. 신의 존재를 부인하고 영적인 세계를 부인하는 유물론자들에게는 사후의 삶이 불가능하게 보일 것입니다. 그러나 우리는 천국에서 예수님이 주시는 모든 상급을 받아 누릴 것입니다. 예수님께서 이 땅에서 예수님을 위해 살면서 고난당하며 흘렸던 그 모든 눈물들을 닦아주시며 위로해 주실 것입니다.

예수님을 믿는 사람들은 하나님의 자녀로서 천국의 주인이 되시는 창조주 하나님과 함께 영원한 생명을 누릴 것입니다. 그 곳에는 에덴동산에 있었던 생명나무가 있어 성도들이 그 실과를 따먹으면서 영생할 것입니다.

"그 천사는 또 내게 생명수가 흐르는 강을 보여 주었습니다. 수정같이 맑은 그 강은 하나님과 어린양의 보좌로부터 흘러 나와 그 성의 넓은 거리 한가운데로 흐르고 있었습니다. 강 양쪽에는 생명나무가 있어서 일 년에 열두 번, 달마다 새로운 열매를 맺고 있었습니다. 또 그 잎은 모든 사람들을 치료하는데 사용되었습니다. 하나님께서 죄 있다고 심판하실 것이 그 성에는 없었습니다. 하나님과 어린양의 보좌가 그곳에 있고, 그분의 종들은 다 그분을 섬길 것입니다. 그들은 하나님의 얼굴을 볼 것이며, 그들의 이마에는 하나님의 이름이 기록될 것입니다. 그 곳에는 밤도 없고 등불이나 햇빛이 필요 없을 것입니다. 주 하나님께서 그들의 빛이 되시고, 그들은 거기서 영원히 왕처럼 살 것입니다." (계 22:1-5)

## 천국은 반드시 존재한다.

결론적으로 천국이 존재하기 위해서 두 가지가 전제되어야만 합니다. 첫째로 인간이 영적인 존재이어야 합니다. 그래서 육신이 죽어도 썩지 않는 영혼이 있어 불멸해야합니다. 둘째로 죽은 사람의 영혼은 구천을 떠도는 것이 아니라 어딘가에서 인격적인 삶을 살아갑니다. 그러기 위해서는 이러한 사후의 인격적인 삶을 가능케 하는 절대자가 존재해야 합니다. 결국 우리가 영적인 존재이고, 하나님이 살아계신다면 천국은 반드시 존재해야만 합니다.

그렇다면 천국은 어디에 있을까요? 우리의 영혼이 육신으로

부터 분리되면 4차원의 세계에서 벗어나게 됩니다. 4차원 이상의 영의 세계에서 시간과 공간을 초월합니다. 이런 면에서 천국은 시간과 공간을 초월하는 4차원 이상의 영적인 공간입니다.

천국은 우주 왕복선으로 수백억 년이 걸려도 도착하지 못하는 곳이지만 시공을 초월하는 영적인 존재들은 어떠한 통로를 통해서 순식간에 천국에 도달할 수 있음을 알 수 있습니다. 죽은 사람이 어두운 터널을 지나 아주 밝고 환한 세상에 다다른다고 말하는 사람들, 즉 죽었다가 살아난 사람들의 증언을 고려해본다면 이는 얼마든지 가능한 일입니다.

하지만 여기서 중요한 것은 천국이 어디에 존재하는가가 아니라 반드시 천국이 존재한다는 사실입니다. (히 11:16) 왜냐하면 인간은 영적인 존재로 비록 육신이 죽어도 그 영혼은 영원히 살기 때문이고, 이러한 영혼들이 한 곳에 모여서 살아갈 수 있도록 해주시는 하나님이 존재하심을 믿기 때문입니다.

# 토론 사항

1. 당신은 사후세계를 믿는가? 아니면 믿지 않는가?

   그 이유를 말하라.

2. 과연 인간의 영혼은 존재하는가?

   영혼불멸에 대한 당신의 생각을 말해보라.

3. 성경에서 말하는 천국의 모습은 무엇인가?

   요한계시록, 이사야 등의 성경을 참조하라.

4. 과연 천국은 어디에 있을 것인가?

   당신의 상상력을 동원해 나눠보라.

5. 당신이 천국에 가서 예수님을 만나는 경험을 상상해보라.

   반대로 당신이 천국에 가지 못하고 지옥에 간다면 어떨 것인가를

   상상해보라.

# 2

The Beautiful Stories of Human Death

# 아름다운
# 죽음이야기

모든 생명체는 태어나면 반드시 죽게 됩니다. 성경은 "한번 죽는 것은 사람에게 정하신 것"이라고 말합니다. 죽음은 지구 안에 있는 모든 생명체들에게 나타나는 보편적인 현상입니다. 다시 말해 죽음은 그 누구도 피해갈 수 없는 불가항력적인 현상인 것입니다. 그럼에도 불구하고 막상 죽음을 맞이하는 사람에게 있어서 죽음은 충격 그 자체입니다.

사람들은 죽음의 보편성과 불가피성을 이성적으로는 인정하지만 막상 자신의 죽음에 대해서는 자신도 모르게 부정하게 됩니다. 자신만은 예외일 것이라고 무의식적으로 죽음을 거부합니다. 그래서 장례식에 참석한 사람들은 형식적인 조의를 표한 뒤 가능한 한 그 관으로부터 멀리 떨어져 있으려고 합니다. 다른 사람이 당한 죽음이 자신에게도 현실화될 수 있다는 사실을 부정하고 싶기 때문입니다.

인간은 죽음을 그토록 두려워하면서도 막상 살아있는 현실을 행복하게 여기지도 못합니다. 사실 세상에 태어나서 살아가는 것이 그리 쉬운 일은 아닙니다. 우리의 삶은 고통의 연속입니다. 사람들은 세상에 태어나자마자 인생고에 시달리게 됩니다.

질병에 시달리기도 하고 때론 경제적인 문제로 고통을 겪기도 합니다. 이러한 고통스러운 삶속에서 우리는 생의 의미가 무엇일까 회의하기도 합니다.

"이 힘든 세상에 나는 왜 태어났을까?"

어떤 철학자는 이 문제의 답을 우연이라 말합니다. 우리는 우리가 원하지 않는 시간에, 원하지 않는 장소에, 원하지 않는 나라에, 원하지 않는 가정에서 태어납니다. 그래서 철학자 하이데거는 인간을 이 세상에 우연히 "던져진 존재"라고 말하는 것이지요.

그리고 우연히 태어난 인간들은 다시 자신이 원하지 않는 시간과 장소에서 자신이 원하지 않는 방법으로 죽습니다. 우리를 이 세상으로 던져놓은 우연은 다시 그 우연성에 의해 우리를 이 세상 밖으로 밀어냅니다. 참으로 허무하지 않습니까? 죽음은 이 세상과의 마지막 이별입니다. 내가 원하지 않아도 떠나야만 합니다.

"사람이 해 아래서 일하는 모든 수고가 무슨 유익이 있는가? 한 세대가 가고, 다른 세대가 오지만, 땅은 영원히 변하지 않는다." (전 1:4)

## 죽음이란 무엇인가?

### 생물학적 기능의 정지

우리가 두려워하는 죽음은 육체적인 죽음입니다. 육체의 생명이 끊어지는 것이 죽음입니다. 우리의 육체가 숨을 쉬지 못하는 것이 바로 죽음입니다. 죽음을 맞이하는 사람들을 보면 시간이 갈수록 호흡이 줄어드는 것을 보게 됩니다. 그러면 산

소공급이 점차로 힘들어지면서 결국 죽음을 맞이하게 됩니다. 모든 육체의 생명이 숨, 호흡에 있는 것입니다.

"주께서 얼굴을 돌리시면, 그들은 두려워 떱니다. 주께서 그들의 호흡을 끊으시면, 그들은 죽어 흙으로 돌아갑니다." (시 104:29)

## 육체와 영혼의 분리

죽음은 육체와 영혼의 분리입니다. "그 때에 흙으로 만들어진 인간은 흙으로 돌아가고, 그 영은 그것을 주신 하나님께로 돌아간다." (전 12:7) 영혼이 떠나면 육체는 죽습니다. 어떤 사람은 잠자다가 그 영혼이 조용히 떠나가서 죽게 됩니다. 아무리 신체적으로 건강하다고 해도 영혼이 떠나면 죽을 수밖에 없는 것이 바로 우리의 생명이죠.

죽은 몸을 우리는 시신 혹은 시체라고 부릅니다. 시신은 영혼이 떠난 몸입니다. 영혼이 떠나 생기가 없는 시신은 차가워집니다. 성경에 의하면 인간의 몸은 흙으로 만들어졌습니다. 그래서인지 죽은 시체를 만지면 흙처럼 차갑고 서늘합니다.

필자가 어렸을 때 어머니가 돌아가셨는데, 염을 한 후에 그 시신을 만지게 되었습니다. 그런데 영혼이 떠난 어머니의 시신은 더 이상 내가 사랑하던 어머니가 아니었습니다. 그 무엇인가 섬짓한 기운을 느끼면서 어머니에 대한 애끓는 정이 식어지는 것을 경험하였습니다. 정말 이럴 수가 있는가! 내가 그토록 사랑하던 어머니의 온정은 도대체 어디로 가버렸을까? 그 직후 나는 급체로 고생을 했는데, 아마도 충격이 너무 컸던 모양이었습니다.

## 죽음에 대한 철학적 분석

죽음은 인간이 유한하고 제한된 존재임을 보여주고 있습니다. 도대체 인간은 무엇에 제한을 받기에 결국 이렇게 죽을 수밖에 없는 것일까요? 인간이 죽을 수밖에 없는 세 가지 이유를 철학적으로 분석해보겠습니다.

### 시간과 죽음

인간이 죽을 수밖에 없는 첫 번째 이유는 인간이 시간에 제한을 받기 때문입니다. 시간은 아주 신비한 속성을 지닙니다. 시간은 긍정적인 속성과 부정적인 속성을 아울러 가지고 있습니다.

시간은 창조적인 속성이 있습니다. 인간은 시간을 잘 사용하여 그 무엇인가를 만들어냅니다. 자동차도 만들고 비행기도 만들고 우주 왕복선도 만듭니다. 그래서 인간은 시간을 잘 관리해야 합니다. 시간은 새로운 것을 만들어내는 아주 신비한 속성을 갖고 있는 것입니다.

그러나 반대로 시간은 새로운 것을 낡은 것으로 만드는 속성 또한 갖고 있습니다. 시간은 멈추지 않고 연속적으로 흐르기 때문에 인간은 결단코 시간을 붙잡거나 멈추게 할 수 없습니다. 시간은 인간이 만들어 놓은 것들을 삼켜버립니다. 시간은 새로운 것을 낡아지게 합니다.

현재는 과거와 미래의 경계선입니다. 현재는 "더 이상은 아닌" 과거로부터 "아직 아닌" 미래로의 움직임을 보여줍니다. 우리가 살아있다는 것은 바로 우리가 현재에 살아있어 숨을 쉬고 있다는 것입니다. 그러나 인간은 현재를 붙잡을 수 없습니다. 붙잡는다고 생각하는 순간 그것은 이미 과거가 되어버립니다. 이러한 이유로 인간은 죽음을 피할 수 없게 되는 것입니다.

시간은 모든 생명체들로 하여금 죽음을 깨우치게 합니다. 흐르는 시간, 즉 현재를 붙잡을 수 없는 인간은 결국 죽음을 맞이하게 됩니다. 이때에 인간이 느끼는 것이 바로 시간의 일시성과 인생의 무상함입니다. 야곱은 자신의 130년이라는 긴 생애를 나그네 길에 비유했습니다.

선 혹은 줄의 세계는 1차원의 세계입니다. 그 선이 직사각형과 같은 면이 되면 그것은 2차원의 세계가 됩니다. 그 면이 입체적인 모양으로 변하면 그것은 3차원의 세계로 변합니다. 그 입체적 공간에 시간이라는 축이 생기면 4차원의 세계가 되는 것이지요.

우리의 현실세계는 4차원의 세계입니다. 만약 당신이 죽음이 없는 세계를 원한다면 4차원 이상의 세계로 나아가야 합니다. 4차원 이상의 세계는 시간을 제거하거나 시간을 초월한 세계일 것입니다.

## 공간과 죽음

시간이 공간과 만날 때가 현재입니다. 시간이 흐르면서 사람들은 죽기도 하고 태어나기도 하지만 공간은 그대로 남아 있습니다. 그렇기 때문에 시간은 공간을 제한하지 못합니다. 그래서 전도서 기자가 이렇게 말합니다.

"한 세대가 가고, 다른 세대가 오지만, 땅은 영원히 변하지 않는다." (전 1:4)

살아간다는 것은 공간을 소유하는 것이라고 해도 과언이 아닐 정도로 삶에 있어서 공간이 차지하는 비중은 큽니다. 공간을 빼앗기는 것은 결국 죽음을 의미합니다. 그래서 모든 생명체는 자신의 공간을 확보하기 위해 투쟁하는 것입니다.

우리나라 사람들이 부동산 투기로 바쁜 것도 바로 이런 이유 때문일 것입니다. 이는 자신만의 공간을 확보하기 위한 생존본능이 오용되어 나타난 결과입니다. 우리가 누리는 사회적 영향력, 명예, 신분, 지위도 역시 공간 확보와 관련되어있습니다. 한 나라의 대통령이나 국회의원, 한 도시의 시장이나 시의원 그리고 대형그룹의 회장이나 동네 슈퍼의 주인은 그들 나름의 영향력을 행사하며 그들만의 사회적인 공간을 오랫동안 소유하기 위해 필사적인 노력을 합니다.

그러나 그 모든 노력에도 불구하고 인간은 공간을 영원히 소유할 수는 없습니다. 우리는 이 지구상의 순례자에 불과합니다. 결국 인간은 자신이 소유하고 있는 모든 장소를 잃어버릴 수밖에 없습니다. 더 나아가 자신이 소유했던 사회적인 영향력과 그 모든 재물도 다 잃어버리게 됩니다.

현재는 시간과 공간의 연합을 통해서 이루어지는 순간적인 것입니다. 인간은 자신의 행복을 위한 현재를 창조하기 위해서 끊임없이 미래를 향해 움직여야만 합니다. 다시 말해, 시간은 공간을 소유하고 있는 모든 생명체들을 미래 또는 다른 공간으로 지속적으로 밀어냅니다. 결국 인간은 자신을 둘러쌓고 있는 공간들을 끊임없이 떠날 수밖에 없는 운명에 놓여 있습니다.

인간이 자신이 소유한 최후의 공간을 잃어버리는 것이 바로 죽음입니다. 죽음은 우리로 하여금 그동안 우리가 소유했던 공간을 떠나게 만듭니다.

그렇다면 어떻게 해야 죽음을 피할 수 있을까요? 공간이 없는 시간의 세계로 피신하면 됩니다. 하지만 공간이 없는 현재는 없기 때문에 그것은 불가능한 일이죠. 공간을 초월할 수 있는 존재는 단지 천사나 마귀 혹은 귀신들뿐입니다.

## 실체와 죽음

모든 피조물은 자기 자신만의 독특한 실체를 갖고 있습니다. 우리는 이 땅에 조그마한 핏덩어리로 태어납니다. 그리고 어머니의 젖을 먹고 자라면서 점차 몸이 성장합니다. 사춘기를 거쳐 청년시기를 지나면서 성숙한 남녀가 됩니다. 그리고 부모가 되어 자녀를 낳으면서 점차 늙어가는 것이죠.

우리는 시간이 지남에 따라 외형적으로 변합니다. 몸무게가 늘어나기도 하고 줄기도 합니다. 머리카락이 빠지기도 하고 얼굴에 주름살이 생기면서 점차 늙어갑니다. 나를 어렸을 때 보았던 어른들은 20년이 지난 후에 나를 알아보지 못합니다. 그러나 이러한 변화에도 불구하고 "나"는 "나"인 것입니다. "나"라는 실체는 세월이 지남에도 불구하고 변하지 않는 "그 무엇"이기 때문입니다.

하지만 그 실체조차도 죽음과 함께 사라지게 됩니다. 우리는 우리가 지닌 실체의 최종적인 손실, 즉 죽음을 두려워합니다. 죽음은 실체의 총체적인 손실을 의미하기 때문입니다. 따라서 죽음을 두려워하는 인간은 영원불멸을 소망하게 됩니다. 영원을 사모하는 마음을 갖게 됩니다.

결국 죽음에 대한 불안은 종교를 찾는 것으로 승화됩니다. 죽음 이후에도 변하지 않는 그 무엇인가에 대한 관심은 영혼과 그 영혼의 주인인 하나님에 대한 궁극적인 관심으로 확장되게 됩니다. 이런 면에서 종교는 궁극적인 관심에 사로잡힌 상태인 것입니다.

인간과 달리 하나님은 영원히 변하지 않는 분입니다. 하나님은 영원불멸한 실체이면서 만물의 변화를 주도하는 주체입니다. 그러므로 변화무쌍한 이 세상에 시달릴 뿐만 아니라 종내 찾아 올 죽음을 두려워하는 인간들로서는 영원히 변하지 않는 실체를 사모하지 않을 수 없습니다. 그러므로 종교는 영원에 대한 동경심이고 하나님에 대한 절대의존의 감정인 것입니다.

### 죽고 나면 어떻게 되는가?

인간을 포함한 모든 생명체들은 자신의 죽음을 본능적으로 두려워합니다. 인간은 왜 죽음을 두려워할까요? 인간은 죽음 이후의 세계에 대한 불확실성 때문에 죽음을 두려워합니다. 정말 사후의 세계가 있을까? 있다면 어떤 세계일까? 우리가 죽음을 두려워하는 것은 바로 미지의 세계에 대한 두려움 때문입니다.

사후의 세계가 보장되지 않을지도 모른다는 두려움으로 인해 이제 죽으면 끝이라는 생각이 우리를 두렵게 합니다. 한번 가면 다시 오지 못하는 길이 죽음이라 생각합니다. 자신이 사랑하던 사람들을 모두 남겨둔 채 다시는 돌아오지 못할 길을 혼자 떠나는 심정이 어찌 답답하고 괴롭지 않겠습니까?

만약 사후의 세계가 보장되고, 그 사후의 세계가 지옥이 아니라 천국이라면 대부분의 사람들은 괴로움으로 가득 찬 이 세상의 삶을 접고 아무런 미련도 없이 죽음을 선택하려고 할 것입니다. 그러나 죽음 이후의 세계가 불투명하기 때문에 사람들은 죽음 자체를 꺼려합니다. 생각조차 하고 싶어 하지 않습니다.


## 죽음의 순간

우리가 죽음을 두려워하는 이유는 사후의 세계에 대한 두려움도 있지만 그것보다 더 두려운 것이 있습니다. 그것은 바로 죽음의 순간에 대한 두려움입니다. 성도들 중에 천국에 대한 소망이 넘치는 분들이 있습니다. 하지만 그들조차도 죽음의 순간을 두려워합니다. 그들은 평안하고 안전한 임종을 원합니다. 칼이나 총에 맞아 고통스럽게 죽고 싶지는 않습니다.

동물들도 죽음에 대한 두려움을 갖고 있기는 마찬가지입니다. 도살장으로 끌려가는 소는 눈물을 흘린다고 합니다. 아무리 용맹한 사냥개라고 해도 개장수에게 팔렸을 때 본능적으로 죽음의 위협을 감지하는 것 같습니다. 그래서 개장수가 집에 와서 데리고 가려고 할 때 한번 짖어보지도 못하고 다리가 풀려 풀썩 주저앉습니다. 죽음에 대한 두려움이 엄습한 것입니다.

죽음에 대한 공포심은 죽음 그 자체보다도 더 무서운 것 같습니다. 내가 아는 어떤 사람은 병원에 종합 진찰을 하러 갔다가 암 진단을 받고 그 자리에서 그냥 힘없이 주저앉아버렸습니다. 조금 전까지만 해도 운전하고 열심히 일을 하던 사람이 갑작스런 충격과 공포로 병원에서 걸어서 나올 수 없었던 것입니다.

신앙인들조차도 암과 같은 불치병 선고를 받았을 때 그것을 인정하기가 쉽지 않습니다. 처음에는 자기도 모르게 무의식적으로 병원의사의 선고를 부정합니다. "그럴 리가 없다"며 그 사실을 받아들이지 못하고 거부합니다. 그러나 시간이 지나면서 점진적인 수용이 불가피해집니다. 이제 현실적 상황에 대한 내적인 승복을 하게 됩니다. 물론 정신적인 고통이나 방황은 여전합니다.

그 다음으로 자신의 죽음을 실제적으로 준비하는 단계에 이르게 됩니다. 자신이 할 수 있는 한에서 자신의 생애를 마무리하는 작업에 들어서게 됩니다. 이와 동시에 죽음에 대한 두려움과 남겨질 가족에 대한 염려를 신앙으로 극복하는 단계를 거치면서 임종을 맞이하게 됩니다.

**죽음은 슬픈 것입니다.**

죽음은 우리로 하여금 사랑하는 사람들과 이별하게 만듭니다. 죽음은 또한 사랑하는 사람들을 남겨놓고 나 홀로 떠나는 것이기에 외롭고 쓸쓸한 것입니다. 그래서 죽음은 그냥 잠시 동안 헤어져야하는 이별이 아닌 영원한 이별입니다.

그래서 한국 전통 장례식에서는 "이제 가면 언제 오나!"라는 장송곡을 구슬프게 부르면서 무덤까지 상여를 메고 갑니다. 더구나 전혀 예상하지 못한 준비되지 않은 사별은 우리에게 큰 상처를 남깁니다. 갑작스런 비행기나 교통사고, 재난(홍수, 지진, 화재, 전쟁 등)에 의한 죽음이 그러합니다. 그 슬픔과 충격이란 설명할 수 없는 것입니다. 그 충격으로 후에 망자의 뒤를 따라 죽는 사람들도 있습니다. 정말 죽음은 그토록 슬픈 것입니다. 사랑하는 사람을 천국으로 보낸다는 확신이 있다고 해도 이별의 슬픔이 없을 수는 없습니다.

**죽음아! 너의 쏘는 것이 어디 있느냐!**

그러나 기독교인들은 죽음을 슬퍼할거나 두려워할 필요가

없습니다. 바울은 이렇게 말합니다.

"나는 그리스도를 위해 사는데 목적을 두고 있기 때문에 죽는 것도 내게는 유익합니다." (빌 1:20-21)

기독교인들은 죽음을 두려워하기보다 오히려 사모해야합니다. 죽음은 우리의 고향인 하나님 품으로 돌아가는 것입니다.

"그러나 그들은 더 나은 고향을 기다리고 있었는데, 그것은 바로 하늘에 있는 고향이었습니다. 그래서 하나님께서는 저들의 하나님이라고 불리는 것을 부끄러워하지 않으시고, 그들을 위해 한 성을 예비해주셨습니다." (히 11:16)

나는 10여년의 해외생활 중 한국을 그리워하는 향수병에 걸리게 되었습니다. 자장면을 실컷 먹고 싶어지기도 하고, 한국과 다른 나라와의 축구경기가 시작될 때 애국가 소리가 울려 퍼지면 괜히 눈물이 주르륵 흘러내립니다. 오랜 타향살이에 나도 모르게 어느새 애국자가 된 것입니다. 어떤 사람은 한국을 방문할 때 고향의 흙을 파가지고 와서 고향이 그리울 때마다 그 흙냄새를 맡으며 마음을 달랜다고도 합니다. 외국생활을 하는 사람들은 어쩌다 한국 사람을 길거리에서 만나면 아주 반갑게 인사하면서 마치 친한 친구를 만난 것 같은 기분으로 서로 다정하게 이야기를 나눕니다. 왜 그럴까요? 그 이유는 바로 향수병에 걸렸기 때문입니다.

우리 기독교인들에게는 하늘에 진짜 고향이 있습니다. 우리는 영원한 고향, 천국을 사모해야 합니다. 이 땅에서의 삶이 나그네와 같은 삶임을 깨달아야 합니다.

"우리는 우리가 거하는 땅에 있는 천막집이 무너지면, 하늘에 있는 영원한 집이 우리에게 있다는 것을 압니다. 그것은 사람의 손으로 지은 것이 아니라 하나님께서 지으신 집입니다."
(고후 5:1)

우리는 죽음을 두려워할 것이 아니라 오히려 죽음을 천국에 들어가는 출입문으로 여겨야 합니다. "응애! 응애!" 소리를 지르면서 모태에서 나왔듯이 우리는 다시 죽음이라는 출입문을 통해 천국에 들어서게 되는 것입니다.

그러므로 죽음은 삶의 끝이 아니라 오히려 새로운 삶의 시작을 의미합니다. 우리나라에서는 학생이 학사과정을 마치게 되면 졸업식이라는 예식을 합니다. 공부를 끝낸다는 뜻이죠. 그러나 미국에서는 졸업식(graduation)이라고 부르지 않습니다. 대신에 새롭게 시작한다고 하여 그들은 시작 식(commencement)이라고 부릅니다.

마찬가지로 죽음은 천국에서의 삶을 새롭게 시작하는 것입니다. 잠자리나 나비가 애벌레로 있다가 어느 날 허물을 벗고 하늘을 날아다니는 삶을 살듯이 우리 인간도 이 세상에서 꿈틀거리며 괴로운 나그네 인생을 살다가도 천국에 들어가면 기쁨과 환희의 삶을 살게 될 것입니다. 그러므로 우리는 죽음을 기쁨으로 맞이해야 합니다.

천국은 다시는 죽음이 없고, 헤어짐과 이별의 슬픔도 없고, 눈물이나 고통, 아픔과 질병이 없는 곳입니다. 그 곳에서 우리는 하나님을 찬양하면서 행복한 삶을 영위할 것입니다. 그리고 천국에서 우리는 이 땅에서 맛보지 못했던 안식을 누릴 것입니다. 또한 우리는 우리가 사랑하는 사람들을 그 곳에서 다시 만나게 될 것입니다.

"이제 하나님의 집이 사람들 가운데 있게 될 것이다. 하나님께서 사람들과 함께 계시고, 그들은 하나님의 백성이 될 것이다. 하나님께서 친히 그들과 함께 계시며, 그들의 하나님이 되어서 그들의 눈에서 모든 눈물을 닦아주실 것이다. 이제는 죽음도, 슬픔도, 울음도, 아픔도 없으며, 모든 옛것들이 다 사라질 것이다." (계21:3-4)

## 죽음을 어떻게 맞이해야 하는가?

그럼에도 불구하고 마귀의 세력에 휩싸인 사람들은 죽음의 공포로부터 자유롭지 못합니다. 하루라도 더 살아보려고 갖은 애를 씁니다. 그만큼 죽음 자체를 피하고 싶어 합니다. 그러므로 히브리서 기자는 사람들이 죽기를 무서워하므로 일생에 매여 종노릇한다고 말합니다. 성경은 사람들이 죽기를 두려워하는 이유를 마귀가 사망의 세력을 잡았기 때문이라고 말합니다.

인간이 죄를 지어 하나님과 멀어진 이후 마귀는 하나님과 인간 사이의 길을 가로막고 있습니다. 마귀는 하나님께 대항하고 인간에게는 온갖 두려움과 공포를 자아내게 합니다. 그래서 마귀는 죽음을 자신의 도구로 삼아 사람들로 하여금 죽음을 두려워하게 만듭니다.

사실 하나님의 백성에게는 죽음이 하나님을 만나는 유일한 출입문인데 말입니다. 그러나 예수를 믿지 않는 자들에게 마귀는 매우 실제적인 권세를 갖고 죽음에 대한 온갖 공포심을 조장합니다.

## 마귀의 발악?!

나는 4년째 개척교회를 섬기는 동안에 두 명의 암환자를 천국으로 인도했습니다. 두 사람 모두 신앙이 없다가 말기 암으로 투병 중일 때 예수를 영접하였습니다. 그래서 때로는 믿음이 약해지면서 천국을 의심하는 경우도 종종 있었습니다. 환자들은 그러한 의심이 들 때면 어김없이 먼저 돌아가셨던 형님이 꿈이나 환영 중에 나타났다고 합니다. 그러면 그 날은 차라리 죽고 싶을 정도의 고통이 엄습하는 날이 됩니다.

어떤 때는 눈앞에 꺼먼 무엇인가가 지나가는 것을 목격하였습니다. 그러면 그날도 영락없이 아파서 눕게 됩니다. 참을 수 없는 육체적인 고통 속에서 환자들은 어렵게 얻은 신앙심을 지키지 못하고 하나님에 대해서 회의하고 의심하였습니다. 역시 마귀는 사람들이 예수 믿는 것을 훼방하는 방해자였습니다. 그때마다 목회자인 나는 찬송을 부르고 말씀을 읽으면서 환자를 위해서 기도했습니다. 그러면 그 다음날 성도들은 다시 몸이 좋아지고 믿음도 회복되었습니다.

특이한 것은 환자들이 매 주일 아침마다 교회가기가 싫다며 가족들과 한바탕 실랑이를 벌인다는 것입니다. 가족들이 잘 설득해서 주일날 교회에 오고 나면 또다시 기분이 좋아지고 믿음이 생겨났습니다. 그런데 그러한 마음이 토요일까지 지속되다가 또다시 주일 아침이면 믿음이 떨어지고 교회에 가기가 싫어진다는 것입니다. 참으로 영적인 세계는 특이한 것입니다. 우리는 예수에 대한 믿음과 천국에 대한 소망을 떨어뜨리려는 마귀의 권세를 물리쳐야 합니다.

## 축복된 죽음

평소 신앙생활을 잘 하지 못했던 말기 폐암 환자인 김순호 성도님은 투병생활 중에 예수를 영접하였고, 천국에 대한 확신을 갖게 되었습니다. 그는 잠이 오지 않는 긴긴 밤 시간에 성경을 통독하였습니다. 그때부터 그는 죽음에 대한 두려움을 거의 느끼질 못했습니다.

2003년 5월 19일, 우리 부부는 개척교회 목회자 초청 세미나에 참석하느라 충주 수안보 파크 호텔에 있었습니다. 그날 오후 6시, 김순호 성도님과 직접 통화를 했습니다. 그는 저녁으로 자장면을 먹었고, 나에게 행복하다고 말했습니다. 그런데 그날 밤 9시쯤, 그가 호흡곤란으로 구급차에 실려 여의도 성모병원 응급실에 실려 갔다는 전화를 받게 되었습니다. 긴급한 사태를 전해들은 우리는 즉각적으로 서울로 향했습니다.

서울로 올라오는 길에 아내가 마귀의 역사가 심하게 느껴진다면서 기도하자고 제안했습니다. 나는 운전하면서 아내와 함께 간절히 그리고 뜨겁게 기도했습니다. 드디어 여의도 성모병원에 도착했습니다. 사태는 정말 심각했습니다. 응급실에 누워 있는 성도님은 사경을 헤매고 있었고, 역시나 마귀에게 시달리고 있었습니다. 온 몸은 식은땀으로 범벅이 되어 있었고 얼마나 시달렸는지 몸에서 진액이 흐르고 있었습니다. 그 무언가에 눌려서 시달리고 있음이 틀림없었습니다. 그 상황 속에서 가족들은 어쩔 줄 모르고 당황하며 목회자가 무엇인가 해주기를 바라고 있었습니다.

긴박한 상황에서 이 분을 살려달라고 기도해야 하는가 아니면 천국에 평안히 가도록 기도해야 하는가를 우선 결정해야 했습니다. 나는 의사의 진단과 환자의 상황을 고려한 끝에 천국을 향한 소망으로 기도의 방향을 잡았습니다. 그 때 시간은 새벽 12:30분이었습니다. 그로부터 2시간 동안 조용히 찬송을 불렀습니다. 가끔씩 그 분의 귀에 대고 하나님의 약속의 말씀을 들려주었습니다.

새벽 3시쯤 기적이 벌어지기 시작하였습니다. 그 분의 얼굴이 환히 빛나기 시작하였습니다. 그 무엇인가에 쫓기는 것 같던 얼굴이 평안한 얼굴로 변화되었던 것입니다. 식은땀도 멈추었습니다. 그리고 땀과 함께 흐르던 진액도 멈추었습니다. 땀과 진액으로 온통 젖어 있던 그의 몸이 점차 마르면서 윤기가 나기 시작했습니다. 마치 천사들이 우리와 함께 찬송을 부르는 듯한 느낌이 들었습니다. 그때 여의도 성모병원 응급실 안에 있는 모든 환자들과 그 가족들, 그리고 모든 의사와 간호사들도 우리의 찬송소리를 반기고 있었습니다. 우리가 찬송 부르는 것을 모두들 좋아하는 것이었습니다.

그 후로 새벽 5시까지 계속해서 찬송을 불렀습니다. 성도님은 임종 직전 자신의 가족들에게 눈으로 인사를 하였습니다. 그의 얼굴은 이제 광채가 나고 있었고, 그 마음의 평안함이 얼굴에 비쳐지고 있었습니다. 마지막 숨을 거두실 때 필자와 그곳에 있는 10여명의 유가족들은 성도님이 천국으로 가는 것을 확신하게 되었습니다. 몇 시간동안 그 분의 임종을 목격한 불신자인 그의 조카들이 이렇게 말했습니다.

"기독교가 좋긴 좋구나! 우리도 종교를 가져야 하는데...."

2004년 10월에도 나는 말기 암 환자 한 분의 6개월 동안의 투병 과정과 함께 하였습니다. 이때에도 마귀의 역사는 똑같은 방식으로 나타났지만 우리는 승리하였습니다. 그 분도 천국에 가셨음을 우리는 확신하였습니다.

성도에게 있어 죽음은 두려워해야 할 대상이 아닙니다. 죽음을 맞이하는 순간에 두려움을 조성하는 마귀의 세력을 우리는 예수의 이름으로 물리쳐야 합니다.

"예수님께서는 죽음의 권세를 가진 마귀를 멸망시키기 위하여 죽으셨고 또한 죽음에 대한 두려움에 사로잡혀 사는 사람들을 자유롭게 하기 위해 사람과 같은 모습으로 죽으셨습니다." (히 2:14-15)

## 사망권세를 물리치신 예수님

마귀는 사망권세를 이용하여 사람들로 하여금 죽음을 두려워하게 하고 점점 하나님으로부터 멀어지게 만듭니다. 그러나 예수님은 사망의 저주를 끊으셨습니다. 예수님은 사망권세를 가진 마귀를 물리치려고 이 땅에 오셨습니다.

"죽음아! 너의 승리가 어디 있느냐? 죽음아! 너의 찌르는 것이 어디 있느냐? 죽음이 찌르는 것은 죄이며, 죄의 힘은 율법입니다. 그러나 우리 주 예수 그리스도를 통해 우리에게 승리를 주시는 하나님께 감사합니다." (고전 15:54-57)

예수를 믿는 자들에게 죽음은 오히려 축복입니다. 사후에 하나님의 심판을 면하는 축복이 예수 그리스도를 믿는 자들에게 주어집니다.

## 행복한 순간

하나님의 자녀가 된 사람들은 죽음 자체가 엄청난 축복의 순간입니다. 죽음은 하나님을 만나는 은총의 시간이요, 내가 사랑하던 사람들을 만나게 되는 행복한 순간인 것입니다. 죽음에 대한 두려움은 예수를 믿지 않는 사람들에게 해당되는 것입니다.

예수는 천국에 가는 길이요, 영원히 변하지 않는 진리요, 우리의 죽은 영혼에 생기를 불어넣는 생명입니다. 예수를 믿으면 사나 죽으나 두려울 것이 없습니다. 살아있으면 예수의 복음을 전하고 죽으면 천국으로 가면 됩니다. 할렐루야!

1. 당신이 죽어서 누워있고, 지금 당신 주변에 조문객들이
   둘러있다고 가정해보자. 그렇다면 당신의 심정은 어떨 것인가?

2. 당신은 자신의 죽음을 두려워하는가?
   그렇다면 당신이 죽음을 두려워하는 이유는 무엇인가?

3. 당신은 자신의 죽음을 두려워하지 않는가?
   그렇다면 당신이 죽음을 두려워하지 않는 이유는 무엇인가?

4. 만약 당신이 시한부인생이라면,

   당신은 어떻게 죽음을 맞이할 것인가?

   혹시 죽기 전에 하고 싶은 일이 있다면 10가지를 말해보라.

   또한 10가지의 일들을 대하여 우선순위를 정하여 보라.

5. 당신은 죽은 후에 천국에 들어갈 확신이 있는가?

   만약 있다면, 왜 그런가?  만약 없다면, 왜 그런가?

# 과연 천국은 존재할까?

과연
# 천국은
존재할까?

과연
천국은
존재할까?

너희는 마음에 근심하지 말라 하나님을 믿으니 또 나를 믿으라 내 아버지 집에 거할 곳이 많도다 그렇지 않으면 너희에게 일렀으리라 내가 너희를 위하여 거처를 예비하러 가노니 가서 너희를 위하여 거처를 예비하면 내가 다시 와서 너희를 내게로 영접하여 나 있는 곳에 너희도 있게 하리라 (요한복음 14: 1~3)

---

"Do not let your hearts be troubled. Trust in God; trust also in me. In my Father's house are many rooms; if it were not so, I would have told you. I am going there to prepare a place for you. And if I go and prepare a place for you, I will come back and take you to be with me that you also may be where I am.